La raíz del asombro

Lucas Celma Vendrell

Aliar ediciones

Corrección: Eladia Guerrero
Diseño de cubierta: Aliar Ediciones
Maquetación: Aliar Ediciones

Depósito Legal: GR 584-2025
ISBN: 979-13-87590-97-0

Impreso en España

MIXTO
Papel | Apoyando la silvicultura responsable
FSC® C127630

Edita
ALIAR Ediciones
www.aliarediciones.es
info@aliarediciones.es

La raíz del asombro

Lucas Celma Vendrell

A mi hermana,
fuente de asombro inagotable.

Tus ojos serán como los de un ternero recién nacido,
que no buscan el porqué.

Zhuangzi

Certezas mundanas

Tres nubes blancas
sobrevuelan una ciudad desierta.

Las calles ablandan su color
a medida que la tarde se despeja.

Los balcones se asoman y descubren
                                        unánimes
su sonrisa maltrecha
                    y su ternura infantil.

Como si se tratara de algún patio anónimo o una lavandería
podías verlos exhibiendo su amor
por las calles portuarias
o en las terrazas de los cafés.

Se comprendían como se comprenden los niños
o cierto tipo de aves cautivas,
y una vez vaciaban sus tazas
podías verlos perderse de nuevo calle abajo,
sacudidos por el viento,
alejándose,
como dos pequeñas monedas
olvidadas sobre el arcén.

Qué bonitas las palabras
cuando no alcanzan a decirnos.

Igual que el guante
que se adhiere a la piel,
la huella denticulada
de la cinta elástica,
el vestido que se desliza lentamente
y sin embargo es necesario
para alumbrar tu desnudez.

Destellos de verbena.

En la limpia noche estival,
los geranios deliran
                                inquietos.

Hay demasiado fuego
  que desalojar en las calles.

El gato

Ardió como un pájaro en la nieve.

Claro en los incisivos,
   desfilando por valles de arsénico
suaves como la lujuria,
                    se deslizaba así
                                        tan lento.

El soplo del viento entre los árboles,
la certeza amonedada de las liebres,
despiertan en ti esta hambre de caza
que de vez en cuando coronas
con un asalto animal.

Tu cuerpo, entonces,
entre los
rompientes,
se sacude poco a poco
los huesos
y se asoma
al espejo humeante
de tu sangre.

Recuerdo el desembarco
de tu cuerpo
como un baile de sombras chinas.

Tus labios y tus pupilas ardían a la luz
mediada de la tarde como un collar
de fuegos tenues.

Tu sombra inanimada, cimbreante,
escribía en mí el alfabeto al revés.

¿Cuántas mujeres disparatadas
han acabado como bellas cantantes de
jazz-fusión?

La meticulosidad de tu sonrisa
cadavérica
altera el horario de todos los trenes
y enciende el agua freática de mis venas.

Ni siquiera tú puedes escapar del todo
a este desvarío
aleatorio
de escamas llovedizas,
de delirios de diamante,
ni a la espléndida ternura que irradian
los objetos
cada vez que tu voz los ilumina.

Huellas y pequeñas pecas incandescentes
hormiguean como fantasmas por tu piel.

Te miro mientras duermes.

No eres perfecta.

Menuda certeza, me dices
—me lo susurras, aún medio dormida.

Aparentemente transida o en duermevela.

Pero tú eres solo una balsa de sueño.
El cuenco en que la agonía se acuna.

Y me habitas,
pese a tu ligereza y tu pequeñez,
pese a tu sencillez de pluma
—o precisamente por eso—
larvada, tan adentro.

La alegría disparatada
de tu cuerpo
cuando estallas entre mis brazos
y entreveo
                el brillo
de tu sonrisa diminuta
como un dedal de aceite.

Tus manos ni siquiera
resultan creíbles:
son pájaros en fuga
gobernados tan solo por tu voz.

Noche de pasiones aquietadas,
de confesiones aplazadas hasta el vértigo.

La paz,
la guerra ausente,
el fuego insinuado de tus miembros:
la sombra alada de mis dedos
deslizándose por tu vientre.

Poco a poco,
recorremos el mapa de tu cuerpo bioluminiscente.

Lentamente,
vamos descubriendo en silencio
la disipación misteriosa de tus extremidades,
el vuelo mitigado de tu cabeza giratoria,
y tu torso desnudo y resplandeciente en la oscuridad
de la caverna pasajera que mis manos
te dibujan al trasluz.

De noche, aún no del todo dormida,
fosforeces de manera casi imperceptible
y te disuelves en una transparencia submarina
—anémona apagada de cristal desnudo.

Tu mano relegada entre las sábanas
  tu respiración tan niña
arden entonces lentamente
como un incendio bajo el agua.

Tu sed, más mineral
cuanto más
adolescente.

Mi sed agónica
de álamo descarnado
y tembloroso,
abierto de parte a parte por la sonda
calcinante de tu lengua.

Mi sed y tu sed arbóreas,
entretejidas,
ansiadas
y asidas
al eje vertical
del bosque y de la piedra.

Aquí acostada,
atrapada entre los confines de tu figura breve,
te vas desvaneciendo en lo oscuro
mientras del otro lado
                                        aún medra la luz
medra el miedo por tu espalda de nieve,
y tus ojos de incienso apagado
se agrandan y se disuelven al fin en la noche
que confunde las uvas con las piedras
blancas.

Mecida por un tiempo indócil,
atravesada por fantasmas de dedos
largos,
retrocedes hasta el escenario ingrato
de algún terror infantil.

Tu cuerpo bulle con la agitación
de la fiebre.

Mi mano, una vez más, se extiende
y tienta, caliente,
la sombra de lo que palpita en ti
y nunca llega a desvanecerse.

Presa de tu habitual trance ritual,
indoloro,
                                        triste
te desvistes de tu sangre
  a un solo cuerpo y medio de distancia

Mientras duermes,
el tiempo va descamando sus heridas
como copos de marfil.

Cada noche,
el sueño reinventa una ventana.

Hay que ser claro y diáfano
pero nunca rígido.

Amoldar la luz a la suavidad
de la sombra.

Desventrar una vez más la herida
para poder recogerla en el cáliz generoso
de tu respiración
y en el abrazo dilatado
de tu cuerpo de espuma.

Tareas pendientes

Alimentar legiones invisibles
de polvo,
descolgar la ropa
aunque aún esté empapada;
leer un mal poema
y congraciarme de pronto con el mundo,
ser víctima de los dolores rutinarios
y de la seducción torpe de
los huracanes;

vivir la vida atropelladamente;
arrojarme al vacío sin saber ni cómo:
habitar el dorso de la lluvia
y la belleza inhóspita de lo frágil.

El mundo no se habita:
se ilumina.

Los pájaros despojan su vuelo
y se encienden como antorchas vivas
mientras los peces levitan como leves brasas
en el cuerpo inmóvil del agua.

La mañana era esto.

Larvas de luz

Pájaros de bruma
que atraviesan la rotundidad
de tu silencio

Epitafio

Fue cada vez más tocado por la ligereza
hasta que al fin perdió todo
peso.

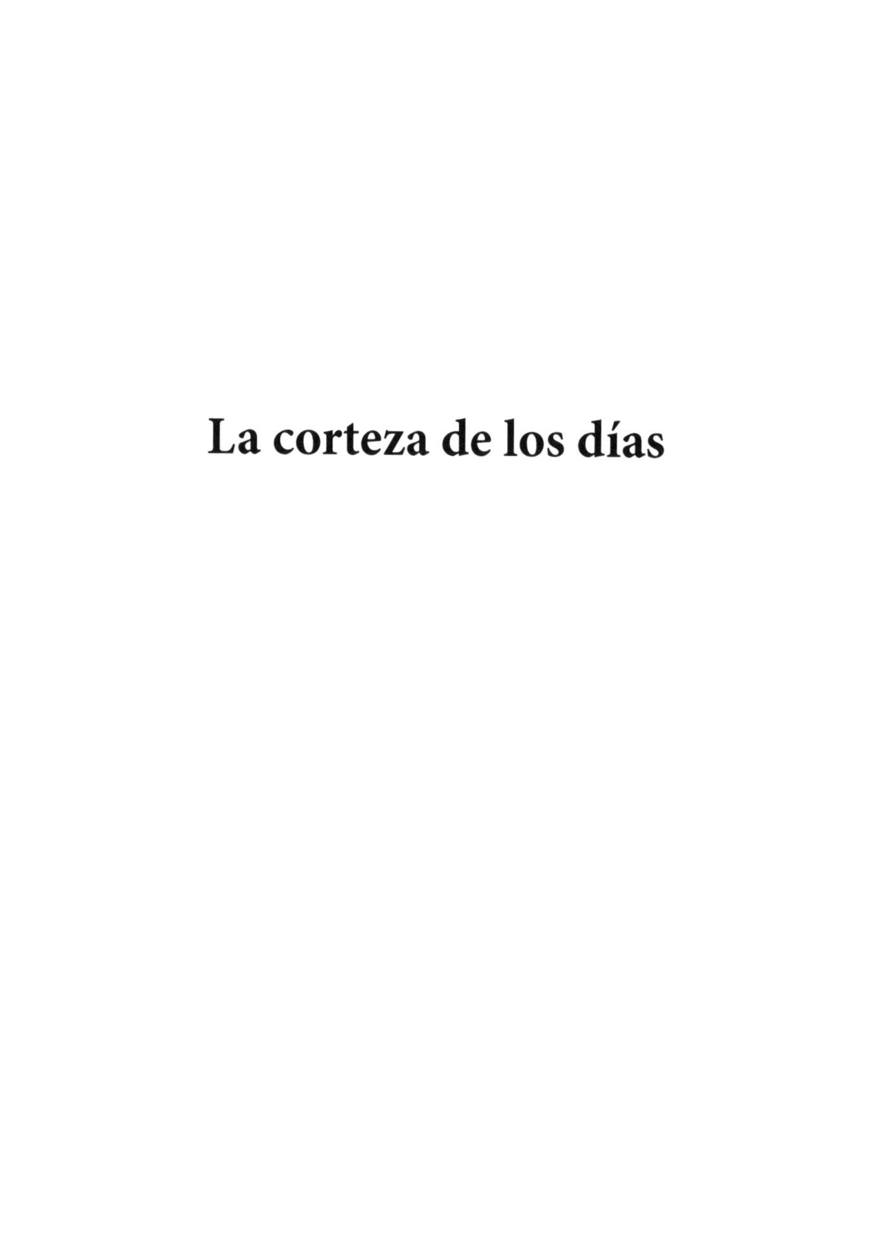

La corteza de los días

Es el único marcado por el rayo
en este encinar polvoriento.

El grito desesperado de una abubilla
estremece sus ramas de alambre;
un dolor molar, intenso,
le recorre las raíces hasta el tuétano;

el árbol encierra como un fuego blanco
las ascuas impuras del amanecer.

Los ángeles se rinden en pedazos
polvorientos

en colas de racionamiento
se van deshaciendo poco a poco
de cada uno de sus harapos
se malbaratan en las calles
se prostituyen como deshollinadores
o cerrajeros
con sus manos de blancura porfiada
atemporalmente tristes.

Amaneces de nuevo desnudo y destemplado
en la misma luz
en los peñascos del alba
y en la costa afilada de los estertores
matutinos
—atrapado sin saber cómo
en el mismo sueño abrasadoramente blanco
de playas desiertas
y médanos de sal
y pisadas sin huella.

Vista desde una cierta distancia,
la luz adolece sus esquinas.

Toda ella no revela sino
ángulos duros,
confines de cemento,
  y su claridad y su ligereza
preceden
                el corte tajante de su gracia.

Antes de desayunar siquiera,
una mañana más,
te levantas como siempre con una cruz
de cal en el pecho.

La película, de nuevo, no esconde
ningún secreto:
una sucesión impasible de risas fáciles,
de cuerpos vigentes solo
en el recuerdo,
de tramoyas de niebla
y fuegos de maleza
que silban de manera persistente
y asfaltan el miedo.

Otra vez sientes el mordisco sin mácula del miedo.

Indescriptible como siempre,
persistente,
se ciñe y aprieta sus dientes
como un correaje de cuero mojado;
como la fusta sobre la cerviz de un caballo
que desbocado galopa hasta desvanecerse.

Escalofrío de la luna
en la madrugada despoblada de pájaros

una descarga
entre el esternón y la
columna
de terror compacto.

En el sumidero del sueño,
entre un lento y seguro goteo
  de agua otoñal por los márgenes,

la noche apacienta su sed
sobre la sombra acuclillada
                                        de un perro
enfermo.

Anoche hablé con unas sombras mudas
y les solté algunas impertinencias.
Ellas me condecoraron con un capirote
como el capitán de la fragata de la muerte,
y salimos todos al balcón, pero estaba solo,
y de pronto solo quedaban los pasos
de los últimos paseantes de la noche
que se alejaban como una sombra insomne,
como el umbral infranqueable de tu cintura.
Soñé con los hijos que no tuvimos.

Como una mañana, como un niño, quizás
—como una paloma en el cuerpo aterido de un niño—
bailábamos perdidos en la insolencia
de lo que pudo ser y de lo que no
fue.

Tu casa entre pinos,
tu sexo descuidado entre las flores
eran la versión más atrevida y candorosa
de un verano sin recuerdos.

El mundo era como un cometa
gobernable
—el girador de un parque.

Y luego, poco a poco, fueron haciendo
su inevitable aparición:
las lluvias de otoño
las rebajas y liquidaciones de invierno
la astenia primaveral.

La prolongación de tu silencio en los portales,
el eco de tu risa por las calles empedradas,
los niños jugando con los restos de tu voz;
la huella inconfundible de tus manos
en las paredes romas de una ciudad cualquiera
  —Madrid, hace no tantos
años—,
o en el rincón exacto de aquella plaza
donde las palomas se disputaban
el último pedazo de sol.

Creíamos en los cristales
porque nos gustaba el tintineo
que producía en ellos la lluvia,
pero no por su fulgor.

Y sin embargo tu cuerpo era
como un cristal de Murano.

Algo rompible,
                              delicado,
que alcanza su sentido
    cuanto más se adentra en la carne
y más se estremece.

Tu sonrisa febril y tu consistencia de leche.

Suero quemando a fuego lento,
oblea caliente y tenue,
media luna de un cuerpo
que arde todavía en mi espacio
                                                            intercostal
y espesa en la herida
como la miel en los cuencos.

Como el pez que se devora la cola,
que bebe y deglute su propio cuerpo,
que muere en la voracidad de su sangre,
así yo atrapado
                    me retuerzo

en el espacio de tu memoria.

Azote intermitente de la lluvia en los
cristales.

Las penas son muchas y están
desabrigadas,
es domingo,
                y digo:

tu recuerdo es el único don de esta
enfermedad,
la rosa de azufre que aviva mis metales.

El verano adelgaza en los balcones
y se escabulle dentro de las casas
como una procesión de fuegos siniestros.

El fermento de algún recuerdo
                                                  de pronto
estalla
y se aloja, ácido, en tu memoria
como el aroma intoxicante
de una naranja expuesta al sol.

Persistente como el hambre,
en el trasiego cotidiano de escaleras
atestadas y urinarios
la existencia
te devuelve su sonrisa intestinal.

El mundo se va decantando en mi mano
como un maleficio.

Lenta, oracular, de oro negro,
la sonrisa del diablo
no es más que el poso de los días desperdiciados,
el monótono son a casquería y a máquina
que hacen todos los trenes al partir.

Me gusta la sensibilidad caduca de los hombres.

Me gusta la tragedia que anida en su mirada.

Cómo van reconociéndose los unos a los otros
a medida que auscultan sus cuerpos ciegos,
y cómo estallan de alegría cuando encuentran, por fin,
a otro pobre hermano de su credo.

Entonces, los unos junto a los otros,
agarrados del brazo,
recorren las calles creyéndolas suyas
pero oyendo tan solo el retumbar de sus pisadas.

Son como gatos que merodean
agazapados en la noche,
pero más hambrientos.

Presencia del lobo

Míralas
en las inmediaciones del bosque,
tan ufanas,
jugando a no ser vistas,
tanteando el peligro,
dispuestas;
haciéndose las gráciles,
las martirizadas,
abrevándose en el río como tristes fámulas,
delicadas ciervas de frágil cornamenta y mirada limpia.
A menudo se hacen las encontradizas,
se extravían;
se pierden por los caminos
hasta la guarida donde te encuentras
y casi puedes sentir su corazón,
palpitando bajo la seda de su piel.
Lo único que exigen es que las mientas.

Sístole atroz
pequeña diástole
rumor alveolar de sangre
derramada

tu voz
—esa pequeña díscola—
dando tumbos sin pausa
tras las huellas de tu hambre
presa del estupor
a ratos tierna o
desbocada
ahogándose en la espesa brea
que mana de su interior.

El curso de la sangre es indetenible
y por eso es sangre,
porque no cristaliza;
porque no hay flor ni pétalo de aurora
ni tan siquiera luna
que la encierre en sus cuencos.

Porque la sangre es sangre,
así como la herida se abre incomprensible
y sin embargo permanece a la vista.

No solo hay hambre en mis venas

también olvido.

Peces de luz pálida
que recorren mis tejidos
e instalan en mi sangre

el rumor de las mareas

Tareas pendientes (II)

Devolver mi cuerpo a sus noches placentarias,
esquilmar el bosque de mis recuerdos;
abrasar uno a uno los geranios de mi boca
   y ceder hasta la última huella que me quede por ceder
                                   a la pulsión arrasadora
de desertizar mi nombre.

Ser la estría indistinguible
la marca
la huella que se hunde entre
los pliegues del silencio
        endeble como la propia
luz.

Ser la melodía inaudible
o ensordecedora que, lenta,
va desnudando mi voz.

La raíz del asombro

Todo lo que olvides,
todo lo que se consuma,
lento y fugaz, entre tus dedos
como un recuerdo instantáneo de nicotina,
todo lo que no seas capaz de retener
pero aun así te marque indeleblemente;
eso, en ese vuelo rasante de paloma,
ahí se juega toda tu vida.

Si una vez olvidamos el amor,
si una vez descubrimos que bajo su pecho de paloma late
un corazón de piedra,
podemos llegar a vislumbrar
que dentro de toda piedra palpita
un diminuto corazón de pájaro;
un huevo cristalino y redondo
que se desliza entre nuestros dedos
y nos lleva a devolver la razón
                a la raíz del asombro
y a adueñarnos de nuevo del olvido.

La batalla ha llegado a su fin,
el destino ya no te concederá otra prórroga;
acepta de una vez la derrota.

Acepta de una vez la derrota, y di:
basta de tanta sangre.

Que la sangre se vuelva solo cultivo
o translúcida permanencia.

No creas en quien te hable de la noche
o de la luz de la mañana.
Cree solo en la tarde,
meridiano cuerpo del que se alzan las alondras
para que advenga el centeno.

Ya no soy más la pálida figura de tez de cera
o la cruz del llanto.
Ya no soy más la escuálida luz de poniente
sino la piedra que sostiene el fuego
o el rito solar.

Recuperar no el son del vuelo del pájaro,
sino el pájaro vivo.
Recuperar el canto no como ganancia,
sino como un silencio desatendido.
Recuperar el rumbo de tu infancia como un camino
que no lleva a parte alguna.

No siegues la flor para que
                                        florezca el tiempo.

No hay tiempo.

Solo la luz de otra tarde
        y este reguero de ceniza bajo los pies
como un largo camino de vuelta a casa.

No sé dónde estoy.

Si es este el fin,
    qué clase de comienzo.

Índice

La corteza de los días

La raíz del asombro

Este libro se terminó de editar en Granada
en abril de 2025 por

www.aliarediciones.es
info@aliarediciones.es